당신이 있어 행복합니다

당신이 있어 행복합니다

공복자 시집

세종출판사

시인의 말

네 가닥의 음률 중 가장 낮은 G음만으로도
아름다움을 연주할 수 있는
G선상의 아리아
불행이 닥쳐와
한 줄이 끊어져도
또 한 줄이 끊어져도
또 다른 한 줄이 끊어져도
인생의 막다른 길에서도
용기를 잃지 않고
생을 연주할 수 있는 용기를 가져야 한다고
내 인생도
가장 낮아져도
아름다울 수 있는
인생이고 싶습니다.

2022. 9

공복자 유스티나 올림

차례

2부 당신이 있어 행복합니다

3부 나의 원동력

4부 내 안의 그분, 성지순례

5부 내 안의 그분, 본당순례

1부

G선상의 아리아

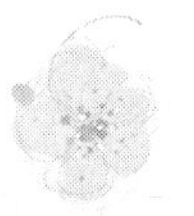

하늘엔 별, 땅에는 금강초롱꽃

금강산 빼어난 산맥 따라
금강초롱꽃은 산맥을 이루고
푸른 하늘 그리다
하늘 빛깔 아름다운 꽃잎 되었네
들꽃을 누가 가냘프다고 했나?
숨겨진 기게, 사랑으로 승화하고
금강산을 품어 금강초롱꽃 되었네

하늘엔 별이 반짝반짝
땅에는 금강초롱꽃이 초롱초롱

엉겅퀴 꽃잎 하나하나

엉겅퀴 고운 보랏빛
여린 꽃잎
우아한 꽃받침
엉겅퀴 꽃잎 하나하나
실오라기 같은 꽃잎 피우기 위해
고운 달빛 밤에도
처절히 살기 위한 몸부림
실 같이 고운 보라 잎새
달빛 아래 숨겨진 가시
누가 눈여겨보았겠는가?

바이올린 연주처럼

바이올린으로 가곡을 들으니
내 마음이
잔잔한 호수의 물결이 된다
어린 시절은 하고자 하는 욕구가
애타는 열망에서
안타까움에서
애통함에서
세월이 흘러
부드러움으로
온유함으로
잔잔함으로

G선상의 아리아

모르면
고상하다
아름답다
멋지다

알게 되면
일상이다
편하다
삶이다

다대포

사람이 많이 붐비지 않는
다대포 해수욕장
왼쪽 귀퉁이 바다
무더위 여름에도
찌는 듯한 태양을 이긴다
언제 이런 시원한 바닷바람을 맞았는가

은하수

덕유산 자락
반딧불이 비친다
밤하늘엔 은하수가 빛나요
덕유산엔 반딧불이 빛나요
스스로 빛나요

가까이 보는 가을

아파트 옆 야산을 매일매일 도니
들꽃이 하나하나 보인다
국화만이 가을의 상징인가 싶었는데
여뀌도 있다
분꽃도 피었다
나팔꽃도 피었다
평소 나팔꽃은 여름꽃으로 알았는데
가을에도 피어있다
여뀌가 아기자기 이렇게 이쁘다니
햇빛에 화사한 분홍 진주 달고 있다
분꽃의 꽃잎이 다섯 개
금잔화도 꽃잎이 다섯 개
가까이 보니 이쁘다
나는 천천히 가을을 걷는다

태종대 가을바람

태종대 에메랄드빛 바다에 유람선이 간다
멀리 검푸른 하늘 구름이 바다에 빠져 헤엄친다
오늘 태종대 가을바람은 북에서 남으로 분다
내 마음도 따뜻한 곳으로 향한다

가을, 바람, 갈대, 하늘, 뭉게구름, 노을

가을바람이 부니
갈대는 머리를 풀어 헤쳐 춤을 춘다
하늘은 뭉게구름을 부른다
구름은 장관을 이루어 가을을 부른다
가을은 여름 동안 뜨거운 햇살에
지친 몸 쉬어가라고
아름다운 노을을 부른다
노을은 평화로움을 부른다

바다

광활하다고 해서
처음부터 무한대는 아니었어
그저 점 하나에 불과했었어
얽히고설키고
넘어지고 다쳐서
어찌할 수 없이
물소리만 내고 흘렀으니
노랫소리로
통곡소리로도
듣는 이의 마음이겠지
사무친 한을 누가 알랴?
한때는 기뻐서 춤추는 날도 있었지
설움도
굽이쳐 폭포수가 되어
우르릉 쾅쾅
한번 놀아봄세!
세월 따라
강 따라
흐르고 보니
너와 내가
바다에서 만나게 되었네

오늘이 지나고 내일이 오고

아직 어둡다
20여 분을 걸으니
차츰 밝아온다
새벽이다
나는 오늘
아침을 걸었다
어슴푸레한 새벽
신비에 싸인 도시 새벽 풍경
한낮의 밝음으로 인해 나타나는
현실과는 사뭇 다르다
밤이 지나고 새벽이 오고
겨울이 지나고 봄이 오고
생명이 지고 새 생명이 잉태되고
역사는 기록되고
다시 시작할 수 있는 아침이 오고

바이올렛

남들은 꽃을 피우고 있었지
너는 왜 꽃을 못 피우냐고
나도 꽃피우는 시기가 있어
햇빛과 물만으로 꽃을 못 피울 수 있어
꽃에게 필요한 영양이라고 하지
꽃피우기 좋은 온도가 있어
그럼에도
꽃을 못 피우는 것은 기다림이란
간결한 사랑이지
그것을 어떻게 알았냐고
꽃망울 지을 때 빛으로 알려주었지
시간의 스펙트럼에서
포기하고 열망하고
기다리고
잊고

매화

갓 피어난 매화
소담스러워
스마트폰 카메라로
가까이 가니
우주가 흔들리네
큰 카메라를 가져와야 하나
흔들리는 모습을 눈으로만 담을까
동영상을 찍으니
잘 보인다
멋지다
우주의 모습
동영상에 담았다

옷 벗은 겨울나무

가지만 앙상한데
왜 이리 윤기가 가득 날까
.
.
.

아마 봄이 품었기 때문일 거야

비둘기

내 곁에 온 비둘기
내가 먹을 것을 줄까 봐
내 곁을 서성거린다
비둘기야!
내가 먹을 것을 가져오지 못했어
다음에 꼭 가져올게
얼마나 배가 고픈지
사람을 무서워하지 않는다
비둘기는 작은 먹이 하나 찾으려
내내 서성거린다
그것에 비하면 나는 얼마나
행복한 사람인가!

낯선, 낯설지 않은

낯선 길에서 만나는 익숙함
낯선 길에서 만나는 새로움
낯선 사람에게서 만나는 싱그러움

폐차

본의 아니게
애마를 폐차하게 되었다
아직 수명이 남았는데
더불어 지내온 세월에도
조기폐차하면
혜택을 준다기에
애마 싼타페를 폐차장으로 보냈다
남편은 집게차가 덜렁 들어가는 것을 보고
망연자실하게 바라보았다
소중한 애마인데
이런 마음이 어디 이것뿐이겠는가?
지나온 세월을 생각하면
황금 같은 세월은 흘러가고
남아있는 오래된 몸
너는 물건
나는 사람
그 차이

코로나19 (1)

침묵 중에 미사
코로나바이러스 19로 인해
미사도 못 드리다가
이제 미사를 재개하였다
그렇지만
미사는 침묵 중에 거행되어야 했다
코로나19는
우리에게 생각과 행동에도
많은 변화를 가져다주었다
성가대도 피아노 반주만 한다

코로나19 (2)

세계적인 대 유행병
팬데믹 코로나19
시작은
남의 나라 일이라고 했는데
한국, 일본, 홍콩, 유럽으로. 아프리카로 전파가 된다
바이러스는 세균보다 엄청 작다
바이러스는 10억 분의 1 미터 크기
그렇게 작은 나노 입자가 사람의 목숨을 위협하는
코로나19 바이러스
그놈 참 매섭다
약한 사람 목숨을 앗아가다니
그 작은 나노 입자
코로나19 얼른 종식되어야 한다

삼월, 코로나19로 침묵

삼월 얼마나 설레는 말인가
땅도 풀도 촉촉이 물이 오른다
새들도 봄이 반갑다고
째째째짹 깍깍 노래한다

코로나19로
세상 사람은 마스크 속으로
침묵하고
이웃 사람에게도
마스크와 함께 침묵한다

코로나19 변종의 의심 속에도
나무의 새순은 돋고
풀꽃은 꽃을 피운다
자연은 그대로인데
사람은 코로나19로 힘들어한다

무엇이 힘들까
우리나라는 일제 침약에도 독립을 이루었고

6.25전쟁의 폭격에 집이 부서지고
남으로 피신하면서
다리 밑에서도 웃음꽃을 피웠다
무엇이 그리 힘들까
세탁기로 편하고
청소기로도 편하고
물 걱정, 전기 걱정 안 하고 사는데
너무 좋은 세상이 되었는데

코로나19 (사회적 거리두기)

코로나19로 인해
‘사회적 거리 두기’
참으로 생소한 단어가 생성되었다
서로 협조하여 살아가기
손에 손잡고
그런 세상이
이런 세상이 되었다
마주 보지 않고
서로 거리를 두고 음식을 먹는다
무엇 때문일까
누구 때문일까
바이러스의 분노라고 할까
생물도 아닌 것이
미생물도 아닌 것이
그것이 미치는 영향력은 전 세계를 미친다
막 사는 인생은 아닐진대
자연은 순조로움과 아름다운 보답이 있지만
분노도 있다

무지막지한 고놈이
나에게도 변화가 생기게 했다
손녀가 유치원을 가지 못하여
김해까지 왕래를 한다
아침 5시 기상은 기본이고
불면의 밤도 보낸다
긴장의 연속이다

포근한 겨울

겨울은 을씨년스러운 것만이 아니다
겨울은 건조함만이 있는 것이 아니다
겨울나무는 잎을 떨구면서
감잎 색으로
봄에 대한 무언가를 말하고 싶어 한다
1월의 까치도 말한다
봄을 기다린다고
해가 바뀌었으니 새로움으로 가자고

뜨거운 겨울 태양

해 질 무렵 해는 너무 강열하다
태양은 온 힘을 다해 비춘다
춥다고 움츠리는 대지를 향해
노을이 오기까지

겨울 바다, 따스함

겨울, 해운대 백사장에 갈매기가 졸고 있다
누가 겨울바다가 춥다고 했는가?
부산, 해운대 백사장
갈매기는 너무 포근해서 졸음이 온다

양산 하늘공원에서

무덤가에 해당화가 피어 있다
저기 묻힌 이는 앞서간 조상
땅에 묻힐 자격이 있다
납골당에 계신 분은
주님 품에 안겨 자유로워라
연세 있는 분도 있지만
젊어서 주님 품에 안긴 분도 많이 계셨다
납골당 창문 밖!
세상 남은 이는
그립고,
보고 싶고,
사랑합니다!

2부

당신이 있어 행복합니다

오! 하느님

나팔꽃을 자세히 보면
하느님의 지음이 얼마나 아름다운지
화가는 나팔꽃잎을
연보라에서 진보라로 색칠을 하고
하느님의 지음을 따라 하고
하느님은 화가가 되어 나팔꽃을 그리고
'사람은 하느님의 형상으로...'
성경 구절이 작은 나팔꽃 속에
하느님의 흔적이 보여요

일요일 코스모스가 반발한 함양에 갔어요
가을바람에 하늘거리는
가냘픈 코스모스
무리를 이루는 장대함
'처음은 미약하지만 끝은 창대하리라'
주님 말씀이 귓가에 울려요

진심

진심을 갖고 산다는 것
진심이 외면을 받으면
무엇이 남는가?
진심으로 했다고 해도
상대편이 모를 때가 있다
내가 잘못된 것인가
난 진심으로 했는데
왜 나를 이해하지 못하나
하고 서운할 때가 있더라도
주님을 향한 마음으로
진심으로 했다는 것에 마음을 둔다

어둠은 어둠을 씻고

– 정하상 바오로 영성관에서

영혼의 피와 살이 되는
강의를 듣고
감동을 하며 느끼며
고요와 침묵,
어둠 속에서
주님을 명상하니
어둡고 침침한 내 영혼
다 씻기운다

기도
– 정하상 바오로 영성관에서

기도와 참회와 용서!
정말 용서가 될까? 그럴까?
.
.
.

기도는
사랑이 되고
이해가 되고
감사가 되고
.
.
.

길이 되고

당신이 있어 행복합니다 1

당신을 만지려면
눈물이 나요
눈물이 많아서인지
그것을 혼자 다 삭히지 못해서
눈꽃 날리듯
그렇게 열정을 펴고 싶어서인지
사랑의 마음은 가득한데
눈물로 시작한 화두에
근엄한 산의 말 없는
온유함이 오니
흙탕물이 마사에 스며들어
수정 같은 맑은 물이 되어
흘러나오는 듯합니다

당신이 있어 행복합니다 2

어제는
행복을 잃어버렸습니다
알고 보니
행복이 마음에 짓눌려서
끙끙대고 있었던 것이었어요

마음이
당신과 함께하지 않은 하루는
모든 것을 잃어버린 듯했습니다

사물을 보고
이중의 느낌을 주는 것이
마음에서 온다는 것을
새삼 느끼는 아침입니다

방금 있다가
사라지는 마음을
안개로 하였더니

자고 난 오늘
아침의 안개는
숲 속에서 아침 햇살로
여울져 오는 안개
빛으로 싱그러움으로
다가옵니다

당신이 있어 행복합니다 3

저 별을 봐요
별이 반짝거리는 것이 보이나요
별이 반짝이며 웃는 것을 느낀다면
별과 함께하는 우리입니다

저 나뭇가지를 봐요
나뭇가지가 하늘거리나요
나뭇가지의 말이 들리나요
나뭇가지의 속삭임이 들린다면
나무와 함께하는 우리입니다

바람 소리 들리나요
바람 소리 사각사각하나요
바람이 부르는 노랫소리 들리나요
바람에도 포근함이 온다면
사랑으로 따스함이 있는 우리입니다

그녀와의 여행

그녀는 내 생애 눈물을 황금빛으로 만들었다. 그녀를 만나기 위해서 나에겐 준비 시간이 많았다. 나의 가정에 내가 여행길을 떠나고 난 후 빈자리를 위해서 먹거리를 준비하고 청소를 미리 해두어야 했다. 그녀와 첫날의 만남은 차마 생소했다. 영판 아기의 모습이다. 엄마는 그녀를 두고 출근을 했다. 깨어난 그녀는 엄마를 찾으며 울었다.

"엄마 어디 갔어."

"엄마 보고 싶어."

그녀는 뒹굴뒹굴 구르며 큰소리로 울며 핏발을 세웠다. 역시 그녀는 아기였다. 잠시 후 그녀는 포기했는지 순순히 나를 따르며 우유를 찾았다. 동화책을 읽어달라고 해서 읽어주니 동화책의 전반적인 이야기를 다 잘 알고 있었다. 몇 번씩이나 읽어보았으니 그럴 법도 하다. 이야기가 통하니 나도 5살의 아이가 되어 같이 깔깔거린다. 30여 년만의 시간이다. 아들과의 소통에서 이제 대를 이어 해님 달님 동화를 통해서 소통이 된다.

나를 돌아볼 수 있는 시간

나를 돌아보기에 가진 것이
너무 많아요

TV에서도
휴대폰에서도
인터넷에서도
멀어져야 해요

정겨운 나의 집

친구는 새집으로 이사 간다고 좋아한다
부엌 싱크, 도배, 화장실, 샷시...
멋진 구조
새것. 새것. 새것.

셀프 인테리어로 페인트칠을 한다
내 손으로 칠하고 애착을 느낀다
산기슭에 자리한 정겨운 나의 집
산 내음 좋다

젊음은 도전이다
나이 든다는 것은 편안함이다

꽃비가 내리면

꽃비가 내리니
노래가 절로 나온다
봄기운 가득한 꽃비는
겨울에 내리는 눈을 추억하게 한다
가난한 시절 배고플 때
하늘에서
너에게도
나에게도 눈이 내린다
하얀 쌀 같은
소망 내린다
꽃비가 내린다

희망 소망 사랑

밤하늘엔 별이 반짝인다
그리움이 별이 되었다고 한다
희망이 별이 되었다고 한다
어제도 그제도
사람과의 관계는 갈등의 연속이다
친구와 가까운 가족과
애착을 가진 그 무엇이라면
나를 더 애태운다
버리며 놓으며
그러다 보면 망각하고 싶어
잊어버리면
정말 소중한 희망, 소망까지도
잃어버리고 잊고
절망이다
그때
바람이 분다
내가 산책하는 길에 별꽃이 가득하다
희망이다
사랑하던 마음이 반짝인다
소망이
내 발길에 머뭇거린다

나의 삶, 꿈 그리고 소망

이 세상에
음악이 없다면
내가 살아있는 것 같지 않다
이어폰으로 세상과 이어간다
이어폰은 세상의 경계막
내가 원하는 세상
꿈을 추구하는 곳
아름다움이 있는 곳
싱그러운 소리가 있는 그곳
탐닉하듯
나의 현실을 부정하며
음악에 취하고
카메라 속 렌즈에 빠지고
세상을 렌즈로 걸러내어
내가 보고자 하는 세상만
보고 듣고 느끼며
세상은 아름답다고 한다
이어폰으로 음악을 들으면
귀가 아프기 시작하면서

이어폰을 멀리한다
세상을 바라보는 눈과 귀가
일치할 때
나의 몸과 정신이 비로소 하나가 된다
음악을 듣지 않아도 살 수 있는 세상
아름다움을 보지 않아도 살 수 있는 세상
그냥 이대로
보이는 대로의 현실에서도 난 살아있다

사색으로 봄이 피다

영도 해양 박물관 근처
바다로 가는 개울에
금계국이 활짝 피었다
개울에서 흐르는 물의 에너지
물가에 핀 노오란 꽃 생명
걷다가
보다가
봄길에 사색이 만연하다

숲을 가꾸는 사람들

꽃밭을 가꾸는 사람
나무를 심는 사람
길을 만드는 사람
의자를 놓는 사람
쭈빗쭈빗 자란 풀을 베는 사람
사람들이 지나가는 길을 청소하는 사람
홀로 고독을 사색하는 눈가에 수국이 핀다
나무 벤치에 앉아서 담소를 나눈다
새들이 노래한다
나비가 난다

기쁜 소식

연파랑 수국 향기 빛나고
백합 고고한 향기 찐한
기쁜 아침이다
기분 좋은 소식을 들었다
재산이 있다고
자랑도 하지 않던데
용돈을 아껴서
꽃밭을 가꾸는 사람을 보았다
쓰레기 땅속에 숨긴 곳에
쓰레기 대신 꽃을 가꾸다니
코로나19로 삭막해져가는 이 사회에
코로나19로 폐쇄 되어가는 이 시간에
생명수와도 같은 소식을 들었다

안개꽃

선생님 한 분이
자신을 안개꽃이라고 했다
장미를 돋보이게 하는 안개꽃
꽃집 주인에게
그 말을 하면서
안개꽃을 샀다

안개꽃을 화병에 담고 보니
매화 같기도 하고
벚꽃 같기도 하는
절묘한 멋이
향기조차 그윽하다

미처 발견하지 못한 아름다움
화려한 장미 뒤에
자신의 멋을 발산하지 못한
안개꽃

그윽한 향기를 가진
그분 생각이 난다

아름다운 꽃을 피우려면

내가 사는 아파트 옆
대신동 꽃동네처럼
옹기종기 모여 사는 할머니
물질은 가난하여도
꽃을 좋아하시는 할머니
어떻게 하는지 꽃이 풍성하다
봄이면 봄꽃
여름이면 여름꽃
가을이면 가을꽃
가을이면 꽃대가 큰, 국화를 잘 피운다
늦가을에도 말라져가는
국화가 아름다워
그 골목길을 난 애용한다
추운 겨울 어느 날
골목길에 핀 국화가 다 쓰러져 있었다
할머니가 넘어뜨린 것이다
새로운 봄을 위하여
아름다운 가을을 쓰러뜨릴 수 있는
용기를 가진 사람은

더욱 싱그러운 봄을 맛보리라
늙어져간 시간 속에
생명을 잉태하는 신비감
비록 겉은 말라
쓰러져 있을지라도

3부

나의 원동력

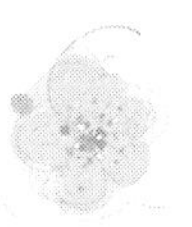

나의 원동력

나는 불안하다
이웃은 그냥 내가 관심 있어 말했을 뿐이다
그럼에도 대함이 서툴러
나는 아파한다
이웃은 그저 말할 뿐이다
그런 이유로 나는 생각한다
그 때문에 난 다른 것에 도전한다
일부러 잊지 않아도 아파하는 것을 생각할 겨를이 없다
나는 외롭던지 혹은 공감하던지
내가 비평의 대상이 되고 싶지 않다
왜냐하면 내가 그들을 비평하지 않기에
그럼에 그들과 섞이지 않는다
나는 그들과 화합을 원하지만
화합을 원치 않는다
그것이 내가 다른 세계로 갈 수 있는 원동력이다
그래서
나는 불안에서 벗어날 수 있다

질서

자연에도 질서가 있다
사회도 질서가 있다
찬물 먹는데도 순서가 있다고 했는데
요즘은 순서가 바뀐 시대에 살고 있다
순서란 질서이지 않을까?
꼭 법이 아니라도 지켜야 할 질서가 있을 텐데
질서가 깨질 때 소리가 나고
세상은 소란스러워진다
질서 속에
평화로운 세상을
나는 소망한다

쉴 수 있는 의자가 있다

바쁘게 걷고
바쁘게만 달렸다
나무 밑, 의자가 있다
의자에서 쉬자
잠시의 여유를 가지자
여유로운 의자
참 고마운 의자

추석 풍경

옛날엔 추석이라면
떡 방앗간 집 앞에 대야 놓고
길게 줄을 선다
시장에서 시끌벅적 소란스럽다

요즘 추석은
햄버거집 앞에 승용차로 줄을 선다
은행 창구에는 환전하기 바쁘다

진해 장복산에서

백일마을 장복산 드림로드
여자천 벚꽃길
섬이 아니라도 섬 같은
도심 속에 장복산 드림로드
진해 바다가 한눈에 들어온다
아름답다는 그 이상의 표현이 있을까
빗속에 우산을 쓰고 걸으니
안개인지 운무인지
꿈길인가
이름 그대로 드림로드

태풍 콩레일 그 뒤

태풍 콩레일*이 온다
2016년에 온 태풍 차바와
경로가 비슷하다고
속도가 빠르다고 한다
태풍의 눈이 부산, 남해를 지난다고
피해가 올까 걱정이 앞선다
그해 우리 승용차가 군대 옆에 주차 시켰다가
군부대 지붕에 고정시킨 돌이 날아와
우리 승용차가 피해를 당했다
차가 피해 입은 것보다
이번 콩레일 태풍에 근무 중인 남편이 걱정이다
아무 사고가 없어야 할 텐데
태풍 콩레일은 무사히 지나고
하늘은 활짝 게였다
우리의 인생도 이런 것인가?
태풍처럼 비바람이 휘몰아치다가
멀쩡한 하늘이 된다
하늘이 햇살 내린다

* 2018. 10

길이 물길이 될 때

*제13호 태풍 링링과 함께 온
폭우가 지나간 후
상큼한 금정산을 오른다
태풍에 간간이 넘어진 나무
등산객도 간간이 보인다
다람쥐는 다칠까 숨었다 나왔다
등산객이 다니던 길은 물이 질퍽하다
조그만 하천은
폭포수가 되어 철철철 넘친다
어찌 이리도 비가 많이 왔던가
편안한 등산로보다 가파른 지름길로 오른다
바위를 타고 올라더니 고담봉이 순식간이다
고담봉에서 서쪽을 향하니
낙동강물이 시원하게 흐른다
남쪽을 바라보니
광안리, 영도, 다대포다
고담봉에서 본 부산, 훤하다

* 2019. 9

고담봉의 정기와
금정산 하늘의 기운을 온몸으로 받는다
하산을 하니
링링의 폭우가 지나간
등산길은 물길이 되어 철철철 흐른다
이쪽으로도 철철철
저쪽으로도 철철철
남문 아래로도 철철철
어제 내린 폭우가
오늘은 물길이 폭포수가 되어
자연의 위력을 말한다
등산로는 보이지 않는다
그럼에도 금정산의 등산로를 기억하여
넘치는 물길을
이리저리 건너서
마을 아래로 무사히 내려왔다

인생길에도
재앙으로 인해 내가 다니던 길이 흐트러져
이리로 갈까 저리로 갈까
우왕좌왕할 때가 있다
그럼에도 평상심을 잃지 않고
중심을 잡아야 할 것이다

시간과 공간 사이

시간이란 예기치 않게
주어지는 보석 같은 것
파도가 눈에 아른거리고
수평선 아득한
바다가 보고 싶어서
부산 부전역에서
울산 태화강역으로 연결된
동해선 경전철을 탔어
지도를 보니 기장역보다
일광역이 바다가 가까웠지
일광역에 내려
바다로 가니
장어 굽는 냄새만 진동했어
바다의 갯내음은 어디로 외출 갔는지?
바닷고기는 뭍으로 오고
바다 향기는 저 먼바다로 갔나?

정읍 내장산 단풍

내장산의 단풍은
겨울의 추위와
여름의 무더위를 지내야만이 태어난다

아름답게만 보이는 단풍은
인고의 고통으로
12가지 단풍빛으로 해산한다

트레킹 하기 좋은 태백산

태백산에 눈 온 지 2주
설경을 느끼자고 온 겨울 산행이다
일기예보엔 눈이 온다고 했지
걱정이 태산이다
가이드 황은 천제단에
눈이 오지 않았다고 말한다
작년 덕유산 하산길
두터운 점퍼는 땀으로 얼룩졌다
이번 태백산 산행은
가벼운 옷을 입었다
가파른 경사길
아이젠과 스틱도 준비하였다
태백산은
2주 전에 온 눈으로도 설경이다
보드득보드득
태백산을 오르는 사람도 보드득보드득
태백산을 내려가는 사람도 보드득보드득
보드득보드득 기분이 좋다

고독과 라인댄스

댄스라고 할까
운동이라고 할까
리듬에 맞춰
줄을 지어 춤을 춘다

현대인의 고독을
유행가로
팝송으로
삼바, 왈츠로 푼다

고독한 자여!
라인댄스 하러 오시오!

클래식하고
날씬한 오장 육부와
품격 있는 몸매가 되리라

건강 뒤에 상처

어느 운동이던 충격이 있다
햇살 뒤에 그늘이 있듯이
건강한 운동 뒤에 상처가 있다
때론 숨이 벅차다
때론 손에 전율이 온다
조심해라
포기하지 마라
상처 뒤에 새살이 돋고
근육 위에 더 딴딴한 근력이 된다

배드민턴과 게임

봄이면 개나리 벚꽃이 한창인
백양산 아래
테마공원 아늑한 분지에
남녀노소 없이
하하 호호
배드민턴을 한다
아침을 좋아하는 사람
밤새 아침을 기다려
테마공원에 와서 배드민턴을 한다
매와 같은 눈과 손
자연과 더불어 게임을 한다
원, 투, 쓰리
게임하는 사람은 매와 같이 매섭다

말 말

해야만 하는 말
해서는 안 될 말
해야만 하는 행동
해서는 안 되는 행동

묻고 또 묻고

묻고 묻고
또 물어보아야 한다
가던 길 맞는 것 같아도
지도가 있고 좌표가 있어도
내가 확실히 모른다면
정확히 아는 누군가 있다면
미안해하지 말고
용기 내어 물어야 한다
아는 체 말아라

無錢(무전)으로 살아가기

지갑을 가져오지 않고
길 위에 있다
집과의 거리는
차를 타면 그리 멀지 않지만
걸어서 가면
3시간 30분 내지 4시간
까마득하다
남편에게 전화할까
걸어갈까
떠오른 생각
'무전여행'
호주머니 돈을 가지지 않고 사는 방법
집에 돈이 있으면 무엇하랴?
통장에 돈이 있다고 한들
내 손에 돈이 없으면 거지나 다름없다
편의점에 가서 사정을 말했다
편의점 주인은 두말없이 내가 말하는 액수를 준다
그녀의 통장번호를 휴대폰에 입력하고
내 전화번호를 주었다

무일푼으로 오늘 살았다
그녀에게 감사함을 전한다
세상은 아직도
살만하다고 말하고 싶다

화장

새로 만난 사람처럼
"안녕하세요."
웃음을 건넨다

어제 세상을 태워버릴 듯
화난 감정을
절묘한 아침노을을 보고
감정의 파도에
화장을 한다

생활의 여유 30%
잠자는 영혼 깨우기 30%
시상 다운 시상 30%
내가 치러야 할 아픔 10%

너와 나의 만남
감정의 소용돌이도
새로 만나 사람처럼

"안녕하세요."
활짝 웃는다

4부

내 안의 그분,
성지순례

성지순례

주여!
성지순례를 시작하는 첫날입니다
처음의 마음으로 성지순례가 끝나는 날까지
돌보아 주소서
마음의 나쁜 것 모두 씻어내고
참다운 생각 들어오게 하소서

애착하는 것에 집착하지 않도록

– 장대골 성지에서

성부와 성자와 성령의 이름으로 아멘
주님께 무릎 꿇고 비옵니다

순교하신 분은 어떠한 방해에도
지켜야 할 것을 지키며
신앙을 이어왔습니다
비가 오고 눈이 오고 바람이 불어
자연으로 돌아갔습니다
영원히 주님 전에 영면합니다

부족하기만 저,
주님께 비옵니다
저희 가정 지켜주시고 하는 일 무사하도록 지켜주소서

애착하는 것에 집착하지 않도록
성지순례를 통하여 순교자의 미덕을 생각하게 하소서

기쁨이 배가 되어

– 오륜대 순교자 성지

이정식 요한,
양재현 마르티노 묘소에 참배하니
까치가 마중 나왔습니다
하늘,
목련 가지 끝
까치에 눈길이 갑니다
성탄절 목련이 몽우리를 맺었습니다
나뭇가지에 앉은 까치는
봄의 전령사가 되어 알립니다
겨울의 중반은 봄이 멀지 않았습니다
오륜대 순교자 성지순례는
기쁨이 배가 되었습니다
순교라는 추운 겨울 뒤에 목련이 피기까지
한겨울에 몽우리 지었음을 알리는 기쁜 소식입니다
'딸아! 힘들어하지 마라.'
성 요셉과 성모 마리아는 자애로 말씀하십니다

주님 평화가 있는 그곳
- 조씨 형제 순교자 묘

자전거를 타고 노적봉을 지났다
노적봉 지나면 돌아가신 친정어머니 생각이 난다
녹산 노적봉 어머니 화장한 가루를 뿌렸다
어머니가 그리운 날은 더욱 성지순례를 가고 싶다
녹적봉을 지나면서
어머니가 생각으로 주모경을 바쳤다
녹산 바다에 한가하게 모여서 노는
청둥오리가 평화롭고 정겨워 보인다
자연의 이치에 맞게 살아가는 청둥오리는
황금 햇살 받으며 잘도 헤엄을 친다
저 세상가면 주님의 평화가 있단다
마음을 추스르며 자전거 바퀴를 돌린다

순교자는 조씨 석중과 석정 형제
천주쟁이라고 조씨 선산에 묻히지 못했다
이를 안타깝게 여긴 배정문은
그의 언덕에 묻어주고
순교 사실을 전하며 묘소도 관리해왔다

배정문 그는
1994년 동래 앞바다
익사 직전의 사람을 구한 의인이며
배문한 신부의 증조부이다
이미 작고한 배문한 신부님의 생가를
다시 수리하여
유품을 전시하고 있고
배씨 집안 언덕바지에
조씨 형제 순교자 묘가 안착되어 있다

의인은 신부를 낳고
순교자는 주님을 전하고
의인의 신부는 복음을 전하며 또 순교를 전하며

성지순례 후 아메리카노 한 잔

순례 후 기쁨이 가득한 마음에도
육체에 에너지 고갈이 온다
따뜻한 아메리카노 한 잔
추위에 온몸을 녹인다
은은히 들리는 카페 음악
성지순례 후
여행의 자유로움에 빠져본다

노력하지만 이루지 못할 때가 있다

– 진례성당, 복자 박대식 빅토리노 묘소

가고자 하지만 가지 못할 때가 있다
하고자 노력하지만 도달하지 못할 때가 있다
인생은 하고자 해서 이루어지는 일이 있고
이루어질 시점 어떤 이유로 이루지 못할 때가 있다
그리하여도 초조해하지 말라
오늘이 아니면 내일이 있고
내일 또 어떤 계기로
이루어지기도 한다
이 세상은 문을 열고자 하지만 열리지 않을 때도 있다

시간의 의식

수원 성지를 가려고 구포발 12시 5분. 준비하다가 보니 어느새 시간이 흘러 깜짝 놀랐다. 다른 일을 한 것이 아닌데 뭔 일로 이리 시간이 흘렀을까? 무릉도원에 갔다가 깜빡 자고 나니 수 십 년이 흘렀다고 했다. 시간의 무의식이란 이런 것인가? 무궁화호를 타고 4시간 25분 동안 시간의 의식이 있을 것인가? 기대를 한다. 첫째 역 원동역. 원동역에서 나에게 무슨 일이 있었나? 자전거를 타고 와서 쉰 적이 있다. 기억의 시간으로 내려가 본다. 작년 원동 매화 필 때 온 적이 있다. 기차는 출발한다. 삼랑진역을 지나고 경산역을 지나 동대구역이다. 역 너머 목련화가 활짝 핀 것이 보인다. 무궁화호는 이래서 좋다. 옆에 냄새나지 않는 사람이 타면 행운이다. 대구역을 지난다. 수원역까지 3시간이 남았다. 참아야 하느니라. 사순시기에 한자리에서 4시간 30분을 보낸다는 자체가 고행이다. 고개가 뻐근하고 허리에 소식이 오고 다리가 발악을 한다. 여행의 시작은 즐겁고 중간은 힘들고 종착은 행복하다. 그래도 여행은 좋다. 언제 앉아서 책을 볼 것이며 글을 적을 것인가? 정보의 홍수와 쉴 사이 없는 영상에서 벗어나는 여행을 한다.

명례

명례성당은 1896년 경남지역에 처음으로 지어진 본당이라고 한다. 밀양시 하남읍 밀양강변에 위치하여 봄이면 주변에 금계국이 장식하는 아름다운 산책로가 있다. 성지는 일반성지와 다른 느낌이었다. 축사를 매입하여 지은 곳이라는데 기도할 수 있는 통곡의 벽과도 같이 건물을 장식했다. 노을이 참 아름답다.

성지순례를 하는 것은 누구를 위함인가?
– 거제도 지세포 성당, 윤봉문 성지

성지순례를 하는 것은 무엇 때문인가?
자신이 믿고 있는 하느님을 알아간다
신앙을 가진다
알아가고 신앙을 가지는 것만이 전부가 아니다
생활에서 실천을 하여야 한다

순교자는
목숨의 위협에서도
신앙을 지킨다
붉은 피로 물든 순교의 꽃
윤봉문 순교자 묘
가까이 하이얀 구절초로 장식되었다
순교는 누구를 위함인가?

* 구절초 꽃말 : 순수, 어머니 사랑, 우아한 자태

붉은 피의 순교, 수원 북산동성당

입구를 들어선 순간
눈에 들어오는 붉은색
피의 순교에 가슴이 멍해진다
여기에 수많은 치명자 수난의 일기가 있다

명동 주교좌성당

명동성당에서
김범우 순교자의 흔적을 본다
명동성당이 김범우 순교자의 집이라고 한다
김범우 순교자 묘소가
경남 밀양 삼랑진에 모셔져 있다
순교자 품에 오르시길 기도하며
도보순례를 했다
나서지 않는 신심의 이어짐
나는 오늘 한국 가톨릭의 중심지에 서보았다

언양성당

언양성당은 고딕양식의 부산교구의 유일한 석조건물이다. 산 위에 대형 십자가가 있고 언양 지역 첫 순교자 오상선 묘가 있다. 거룩한 성전과 신앙 유물 전시관을 보니 내 마음도 숙연해진다. 기도하는 마음은 정신을 거룩하게 하고 기쁘게 한다.

김범우 (토마스) 시성을 위한 도보순례

겨울의 추위에서도
어두운 신앙의 위협에서도
하느님 앞에는 만인이 평등하다는 신념으로
신앙을 지킨 이여!
우리도 순교자의 뜻을 받들어
어두운 시대에 등불이 되고 싶습니다

* 밀양 삼랑진역에서 성모동굴성당, 김범우 묘소까지 도보순례(2014. 12. 20)

김범우 순교자 성지

부산에서 밀양 삼랑진
김범우 순교자 묘소까지 50Km
왕복 100Km
혼자 자전거 바퀴를 돌린다

순례를 한다는 한 가지 마음이
기도가 된다
기도는 마음의 혼란을 잠재운다
기도하는 마음에 주님의 은총이 내린다

(2022. 1. 3)

천연석굴공소 간월산 죽림굴

경남 울주군 상북면 이천리 소재 죽림굴. 순례하기 어렵다고 소문이 자자한 죽림굴이다. 배내골에서 시작하여 자전거로 올랐다. 억새벌길 간월산인 영남 알프스산 입구에서 3.22Km의 순례길이다. 영남 알프스의 억새벌길 아름다운 풍경은 순교의 세월을 품고 있다. 가장 잔혹했던 기해박해 (1839년) 때 관아의 손길을 피해 움막을 짓고 숯을 구어 생계를 유지했다고 한다. 경신박해 (1860년) 때 최양업 신부님이 3개월 동안 은신하며 신자들을 돌보았던 이야기도 간직하고 있다. 포졸들의 포위망을 피해 굴속에서 주님께 기도하며 숨어 살았던 순교하신 분들이여! 신앙으로 이어져 저 또한 주님을 알게 하심이여! 감사하고도 고마우셔라!

5부

내 안의 그분,
본당순례

본당순례

우연한 기회에 달맞이성당을 가게 되었는데 본당 문이 닫혀 있었었다. 입구에 본당순례 스탬프가 필요하신 분은 사무실로 전화를 하면 팩스로 넣어 줄 것이라 글이 있을 것을 보고는 그저 지나치던 본당순례를 결심하게 된 계기가 되었다. 머리도 복잡하여 몸도 아팠는데 기도하면서 본당순례를 하다 보니 몸도 마음도 많이 편안해졌다. 집에서는 묵주기도가 잘되지 않았다. 순례를 하면서 한 가지 지향을 두고 묵주기도 5단은 기본으로 한다. 내 마음의 응어리, 분노, 삭히지 못한 집착을 내려놓고 승화를 위한 기도를 한다. 자녀를 위해 잘 되기만 바랬지 기도를 제대로 하지는 않은 것 같다. 성전에 가서 성수로 성호를 긋고 기도를 드리면 감사의 마음이 샘물처럼 가슴에서 일어났다.

쉬엄쉬엄 걸으며

달맞이성당에 왔다가 문이 잠겨 사진 몇 컷 찍고 걸어서 추리문학관으로 왔다. 도서관 등록이 되어있는 추리문학관에 입장료를 내면 커피도 한 잔 마실 수 있다.

추리문학관의 주인공은 김성종 소설가
부인은 작가의 햇살 뒤에 카페를 운영하며 도움을 준다
커피 도구와 화초
햇살 비치는 창가
책이 돋보인다

작가의 문학에 대한 열정을 보며 차를 시켰다. 녹차와 홍차, 커피가 있다. 달콤한 바흐 커피를 주문하고 잔잔한 음악이 흐르는 사색하기 좋은 카페, 기억만으로 부족하기에 추리문학관을 컷으로 남긴다.

개금성당

그때도
성당에는 라일락 향기 가득했다

코로나19로
세상이 안타까운 시절인 지금
성모님 앞, 향기가 진동한다

꽃을 가꾸는 사람은 참으로 아름답다!

하단성당

하단역에 내려 길 건너 하단초등학교를 지나 골목으로 간다. 약도를 보다가 머리를 드니 천주님이 날 오라 반기신다. 부산에 살아도 난생처음 오는 길 하늘에 계신 우리 아버지! 저 위에 계시기에 잘 찾을 수 있었습니다. 나를 찾고자 승화를 위한 본당순례입니다. 집착을 버리고 생활을 할 수 있도록 주님 도와주소서!

당리성당, 내 것이 좋은지 다녀봐야 안다

승학산 아래 당리성당이 있다. 내가 사는 곳 지대가 높다고 아우성쳤다. 푸르지오 아파트, 벽산 아파트... 알만한 아파트들이 줄지어 있다. 높고 화려한 아파트에 비해 내가 사는 아파트는 소탈하다. 바깥을 다녀봐야 내 것이 좋은지 안다고 하더니만 진짜다.

괴정성당, 성령의 힘

걷고 걸어서 도착한 괴정성당이다. 승학산 아래 바로 산과 접하고 있다. 20여 년 전에 와서 미사를 드렸건만 지금은 찾지 못해 네비게이션을 이용하였다. 예전엔 성당이 크지 않았는데 현재 많이 웅장하여졌다. 걷다가 보니 힘이 생긴다. 성령이다.

사하성당, 때론 쉬운 길도 있다

사하성당은 괴정 삼거리에서 조금 내려와 쉽게 찾았다. 때론 쉬운 길도 있다. 살다 보면 힘든 일도 있지만 기쁜 일도 있다. 희망의 메시지이다.

성가정성당, 휴대폰 배터리가 소진되다

좌동성당 순례 후 걸어서 성가정 성당을 왔다. 네비게이션의 도움을 받아 도보를 하면 길 건너는 신호등까지 안내해 주어서 참으로 고맙다. 성가정성당은 주보에도 보았고 와서 보니 아름다운 성전이었다. 베란다에 꽃향기가 가득하다. 문제는 휴대폰 배터리가 다 소진되었다. 성가정성당의 모습을 촬영 할 수가 없다. 현대인이 살아가는데 필요한 휴대폰 배터리가 이렇게 필요하다니. 주님과의 기도가 멀어지면 영적인 에너지가 없어서 살아갈 힘이 없는 것과 마찬가지이다. 장산에 와서 장산성당까지 순례를 하고 가야겠다고 마음먹었는데 오늘은 여기까지이다.

좌동성당, 희생 재물

도심 속에 있는 좌동성당. 성모님 상 앞에 초록 팬지가 있다. 성모님 뒤에 왕대(나무)가 인상적이다. 입구는 좁아 보여도 성전은 크다. 십자가에 매달린 예수님을 본다. 계속 예수님을 희생 재물로 하여야 하는가? 십자가 위에 성령이 임하신다.

우동성당, 우등성당

우동성당은 멋지다
부유함이 표가 난다
신전과도 같은 다리
쉼터도 카페로 햇살이 아름답고
예쁘게 꾸며져 있다
어디나 사람 사는 모습은 비슷하다
저마다 같지는 않지만
비슷한 모습
다른 모습

해운대성당, 반세기의 역사

우동성당에서 동백로를 걸으며 해운대성당으로 간다. 좌동로를 걸었다. 해운대 성당은 공소로 있다가 1963년 본당으로 승격된 오래된 성전이다. 반세기의 해운대 성당은 도미니꼬 신부님의 작품, 십자가의 길 성화 작품이 있다. 주님 저에게 본당순례 할 수 있는 은총을 주셔서 감사드립니다.

중앙성당, 무상하다

주교좌성당으로 6.25 전쟁을 거치면서 용두산 공원 일대 구호사업을 펼친 명성이 자자한 곳이다. 결혼 전 보수동에 살면서 대청동 중앙성당을 다녔다. 가까이 국제시장과 용두산 공원이 있어 좋았다. 레지오 단원의 따뜻함으로 신앙생활에 활력이 되었던 곳. 다시 찾으니 감회가 새롭다. 30여 년이 지난 지금, 성당은 무상하다.

구봉성당, 새로운 모습

여고 때 친구가 침례병원에 취직하게 되어 병원과 가까운 성당인 구봉성당에 와서 미사를 드렸다. 그 이후 본당순례로 34년 만이다. 소박한 본당에서 나날이 발전하는 초량동 구봉성당!
세월이 흘러도 변하지 않고 낡은 모습의 성당도 많은데 새로운 모습에 박수를 보낸다. 구봉성당에는 부산 가톨릭 성서교육원이 있다.

봉래성당, 아무도 없는 곳에도

성 프란치스코 상이 있는
작고 예쁜 봉래성당
때마침 아무도 없다

아무도 없는 성전은 조용하다
아무도 없는 성전은 경건하다
아무도 없는 성전에 평화가 있다
아무도 없는 성전에 주님이 계신다

신선성당, 동방박사처럼

본당순례를 하기 위해 낯선 길을 버스를 환승하고 신선성당이 있는 곳으로 찾아간다. 아기 예수 탄생을 축하하기 위해 동방박사가 별들의 인도를 받아 길을 찾듯이 신선성당을 찾는다. 흰여울 길을 지나 신성동 주민센터 앞에 내려 길을 건너니 신선성당 있다. 꽃샘추위로 가까이 있는 흰여울 마을은 다음에 가기로 한다.

청학성당, 누군가 날 위해 기도하네

선교 100주년 기념비가 있다. 성모님의 얼굴이 살아 있는 것 같다. 성전 지붕에 천주님이 손 벌려 반기신다. 조득하 신부님이 프랑스 파리 외방선교회 소속 선교사로 파견되어 오셨다. 성전에는 기도하는 한 분이 계신다. 어둠 속에 또 한 분이 계신다.

태종대성당, 신앙의 의미

성당이 바로 눈앞에 보이는데 태종대 성당 입구를 못 찾아 돌아서 골목으로 올라왔다.

성당이 웅장하다
예수님이 십자가에 못 박혀 있다
성당의 웅장함
상반된 고통의 십자가를 바라보며
신앙이 장식이 아닌지?
십자가가 장식이 아닌지?

나에게 물어본다.

초량성당, 기쁨

유월의 중순
초량성당 올라가는 길이
참으로 덥다

처음 시작은 기쁘고
중간은 힘들고
마침은 힘들어도 기쁘다

땀이 비 오듯이 흐른다
내 마음의 기쁨은
온몸을 적신다
지금처럼 내 신앙이 온전하면 좋겠다

주님 햇살 가득한 울만성당

마을버스로 구포시장 2시 40분 출발하여 울만성당까지 1시간이 소요되었다. 가는 도중 김해공항 활주로가 보인다. 우측에는 군대처럼 철망이 있고 좌측에는 공장과 비닐하우스가 있다. 공장과 농촌이 공존한 도시의 한 모퉁이다. 시골집 같은 울만성당은 소담스럽다. 문패는 100여 년의 역사를 말하듯 오래 되었다. 때마침 아무도 보이지 않았다. 유리문으로 된 본당 안에 식만, 덕두에 사시는 분 명찰이 보인다. 잠시 정자에 앉아 성모님과 온기를 나눈다. 주님 햇살이 평화로이 성당 마당을 비춘다.

아름다운 몰운대 성당

낙동강 자전거길을 타고
모래톱을 보며
다대포에 왔다
아미산 전망대가 있는
몰운대 성당이다
외부 전경이 아름답고
내부 성전이 예술적이다
오늘 기도 지향은 부부의 건강이다

아미성당, 천국의 문

아미동 하면 왠지 마음이 아려온다
감천문화마을, 비석마을
많은 이들이
가파른 경사 길을
역사 속을
오르락내리락 하면서
어려운 중에도
주님의 돌보심으로
아미성당은
천국의 문이 열려있는 것 같다

송도성당, 이태석 신부 기념관

코로나로 열심히 다니던 본당순례도 브레이크가 걸렸다. 토요일 저녁 특전미사를 맞추어 버스를 이용하여 송도성당을 찾았다. 이태석 신부님 본가도 찾았다. 막간의 시간에 느끼는 주님의 은총과 병환으로 세상을 떠나신 분을 위하여 기도드리는 계기가 된다.

(2020. 7. 11)

거제동성당, 살아있다

토요일인데 성전은 분주하다. 미사가 방금 끝나고 남은 일부 자매님들 청소와 정리 정돈으로 바쁘다. 살아있다. 신앙은 이런 것이다.

김해성당, 내가 세례 받은 성당

김해성당은 여고 졸업할 그때 새롭게 성전 건립을 했다. 신앙이 태어난 곳을 어찌 잊겠는가?
오월 라이락 향기 가득한 봄밤에 성모의 밤 행사가 새록새록 하다. 본당순례라는 이름으로 찾을 수 있어 주님께 감사드린다.

사직성당, 사회적 거리 두기 1.5단계

코로나19로 성당순례가 제대로 되지 않았다. 1.5 단계, 오늘은 토요일 성당 문이 열렸을 것으로 예상하고 순례길에 올랐다. 평시 마음과는 달리 마음을 더 다독거려본다. 얼마 만에 찾은 본당순례인가? 6번 마을버스를 타고 서면 국민은행 앞 부전시장 입구에서 19분을 기다려 83-1을 환승하여 사직성당 앞 정류소에 내려 사직성당을 찾았다. 골목 사이에 위치하여 작은 듯했지만 정문을 들어서니 웅장하다. 성모님 앞에서 성호를 긋고 감사 기도와 간단히 메모를 한다.

(2021. 2. 20)

사직대건성당, 사직역 4번 출구

주안골드 빌라에서 위쪽으로 보면 사직대건성당이 보인다. 사직성당에서 걸어서 사직대건성당으로 이동했다. 버스로 3코스이다. 순례를 하면 성령의 이끌림으로 성당을 잘 찾는다. 사직동은 아파트 건물이 높아서인지 바람이 많이 불고 건물과 건물 사이 갈림길에서 바람이 엄청 세다. 사직역에서 오르막으로 올라와보니 빌딩 숲 사이 성모님과 김대건 신부님의 성상이 있다.

점심시간인지 성전문은 닫혔다. 예수님도 점심 드시고 때론 쉬어야 한다. 사직동엔 바람이 많이 분다. 내 마음은 바람이 불지 않는다. 숙연하다. 성부와 성자와 성령의 이름으로 아멘♡

지내성당, 기도

미사 시간이다
코로나19로 거리 두기가 한창인 이때
우리의 믿음은 식지 않고 기도한다
조선시대에도
일제 항쟁기에도
전쟁 중일 때도
우리는 늘 기도한다
사는 게 전쟁이다
평화가 오기를 기도한다
꽃 피고 새 울고
따뜻한 봄바람이 불기를 기도한다

정관성당, 잠시 침묵

서면 롯데백화점 앞에서 대중교통 1010번을 타고 정관성당으로 왔다. 정관성당은 현대식 건물로 (내가 보는 관점에서) 웅장했다. 실내에 들어서니 고요와 어둠에서 예수님의 십자가가 인상적이다. 현세의 복잡함에서 잠시 침묵을 가져본다. 기도다.

웅상성당, 화해

울산 가는 길에 옆지기의 도움으로 찾은 웅산성당이다. 시골이어서 좋다. 산 둘레로 십자가의 길 14처가 있었다. 사순절이 다가오고 있다. 때마침 예수님 십자가에 목욕 시키시는 분이 계셨다. 오늘은 화해를 위한 순례이다.

서평

봄꽃을 피우기 위해선 가을꽃들을 쓰러뜨려야 한다

– 공복자 시집 『당신이 있어 행복합니다』를 위하여

김정자

(문학평론가 · 시인 · 부산대명예교수)

봄꽃을 피우기 위해선 가을꽃들을 쓰러뜨려야 한다

- 공복자 시집 『당신이 있어 행복합니다』를 위하여

김 정 자

(문학평론가·시인·부산대명예교수)

1. 시인이며 포토아티스트인 공복자 시인은 신실한 신앙인이며 손과 발로 행하는 아티스트의 기운이 만연하다. 그의 손에는 언제나 사진기가 들려 있고 묵주기도의 신실하고 아름다운 영성의 샘이 흘러넘치고 있다.

그의 삶에는 별들의 반짝거림과 나뭇가지의 속살거림이 포근한 바람으로 어우러져 있다. 그 위에 하나의 거룩한 당신의 힘이 가득하여, 사뭇 진지하고 행복한 동행이 이어진다. 그의 시는 그래서 평온하고 아늑하며, 그럼에도 영혼의 깊이를 느끼게 한다.

2. 따뜻한 영혼의 시선으로 본 아름다운 세상

내가 사는 아파트 옆
대신동 꽃동네처럼
물질은 가난하여도
꽃을 좋아하시는 할머니
어떻게 하는지 꽃이 풍성하다
봄이면 봄꽃
여름이면 여름꽃
가을이면 가을꽃
가을이면 꽃대가 큰, 국화를 잘 피운다
늦가을에도 말라져 가는
국화가 아름다워
그 골목길을 난 애용한다
추운 겨울 어느 날
골목길에 핀 국화가 다 쓰러져 있었다
할머니가 넘어뜨린 것이다
새로운 봄을 위하여
아름다운 가을을 쓰러뜨릴 수 있는
용기를 가진 사람은
더욱 싱그러운 봄을 맛보리라
늙어져 간 시간 속에
생명을 잉태하는 신비감
비록 겉은 말라
쓰러져 있을지라도…

- 공복자, 「아름다운 꽃을 피우려면」 전문

꽃을 사랑하고 가꾸시는 할머니의 평범한 일상에서,

시인은 커다란 삶의 교훈을 깨닫는다. 여름 내내 애착하며 키웠던 키 큰 국화 단을 과감하게 베어 버리는 할머니는, 그것들이 다시 태어날 봄꽃들을 위해 얼마나 필요한 희생이며 아름다운 행위인지를 알고 있기 때문이다. 아무리 귀하고 아름다운 것일지라도 사라질 때와 소멸할 때를 아는 것은 진정 고귀한 자연의 질서이며 생의 논리라는 것을, 범상한 할머니의 꽃 가꾸기에서 배우게 된다. 우리는 여기서, '떠나갈 때를 알고 돌아서는 사람의 뒷모습이 얼마나 아름다운 것인가'를 노래했던 어느 시인의 시 구절을 연상한다.

밤하늘에 별이 반짝인다
그리움이 별이 되었다고 한다
희망이 별이 되었다고 한다
어제도 그제도
사람과의 관계는 갈등의 연속이다
친구와 가까운 가족과
애착을 가진 그 무엇이라면
나를 더 애태운다
버리며 놓으며
그러다 보면 망각하고 싶어
잊어버리면
정말 소중한 희망, 소망까지도
잃어버리고 잊고
절망이다
그때
바람이 분다

내가 산책하는 길에 별꽃이 가득하다
희망이다
사랑하던 마음이 반짝인다
소망이
내 발길에 머뭇거린다

- 공복자, 「희망 소망 사랑」 전문

세상일은 온갖 갈등 관계로 얽히고설켜 있지만, 그것들에 지나치게 집착하면 소중한 희망이나 소망들이 상실되기 마련이다. 그러다 문득 밤하늘에 반짝이는 별을 본다. 그것은 그리움으로 하여 만들어졌고, 희망의 응어리였다는 것을 깨닫게 된다. 무엇 때문에 그토록 집착하고 미워하여 증오의 깃발을 드높였더냐고. 스스로에게 반문하면, 절망적이었던 세상일들이 하찮은 것들로 여겨지고, 밤하늘 별들이 맑은 바람에 물결처럼 반짝거리게 될 것이다.

시인은 잃었던 소망을 되찾으며 사랑의 마음으로 다시 세상을 걸어 나가게 될 것이다.

꽃밭을 가꾸는 사람
나무를 심는 사람
길을 만드는 사람
의자를 놓는 사람
쭈빗쭈빗 자란 풀을 베는 사람
사람들이 지나가는 길을 청소하는 사람
홀로 고독을 사색하는 눈가에 수국이 핀다

나무 벤치에 앉아서 담소를 나눈다
새들이 노래한다
나비가 난다

- 공복자, 「숲을 가꾸는 사람들」 전문

연파랑 수국 향기 빛나고
백합 고고한 향기 찐한
기쁜 아침이다
기분 좋은 소식을 들었다
재산이 있다고
자랑도 하지 않던데
용돈을 아껴서
꽃밭을 가꾸는 사람을 보았다.
쓰레기 땅속에 숨긴 곳에
쓰레기 대신 꽃을 가꾸다니
코로나19로 삭막해져 가는 이 사회에
코로나19로 폐쇄되어가는 이 시간에
생명수와도 같은 소식을 들었다

- 공복자, 「기쁜 소식」 전문

공복자 시인은 생명의 아름다움을 언제나 기쁘고 따뜻한 마음으로 바라본다.

사소하고 작은 일들도 그에게는 커다란 기쁨으로 느껴진다. 꽃밭을 가꾸고 나무를 심으며, 길을 만들고 의자를 놓아주며 풀들을 베어주고, 사람들이 지나가는 길에 청소를 해주는 사람 또한 그에게는 예사로 보여지지 않는다. 그들은 선한 얼굴로 이 세상을 밝혀주는 천사 같은 사람들이다. 그들이 맑고 선한 얼굴로 보인다는 것은, 시인 자신이 그러한 심성을 지니고 있기 때문이다.

용돈을 아껴서 꽃밭을 가꾸는 사람, 쓰레기 대신 천국을 이 세상에 심어주는 사람을 기쁜 소식을 전하는 아름다운 사람이라고 노래하는 시인이다. '자랑하지 아니하며, 교만하지 아니하며, 온유한 사람…' 사랑을 노래하는, 성서 가운데 있는 선하고 따뜻한 사람을 생각하게 하는 공복자 시인의 시들은 그래서 푸근하고 따뜻하다.

선생님 한 분이
자신을 안개꽃이라고 했다
장미를 돋보이게 하는 안개꽃
꽃집 주인에게
그 말을 하면서
안개꽃을 샀다

안개꽃을 화병에 담고 보니
매화 같기도 하고
벚꽃 같기도 하는
절묘한 멋이
향기조차 그윽하다.

미처 발견하지 못한 아름다움
화려한 장미 뒤에
자신의 멋을 발산하지 못한
안개꽃

그윽한 향기를 가진
그분 생각이 난다

- 공복자, 「안개꽃」 전문

화려한 장미 뒤에 숨어 장미를 돋보이게 하고, 자신의 멋을 미처 발산하지 못했음에도 외려 더 그윽하고 아름다움으로 드러나는 안개꽃, 그러한 아름다움을 지닌 사람의 향기를 사랑하고 존경하는 시인이다. 현란한 악기들 뒤에서 묵묵히 오랜 시간을 기다리다 자신의 차례가 되면, 묵직하고 그윽한 소리로 전체 교향악의 뒷받침이 되어 아름다움을 발산하는 콘드라 베이스. 그러한 악기의 무게를 가진 사람 같은, 안개꽃의 아름다움을 발견할 줄 아는 시인이다.

지갑을 가져오지 않고
길 위에 있다
집과의 거리는
차를 타면 그리 멀지 않지만
걸어서 가면
3시간 30분 내지 4시간
까마득하다
남편에게 전화할까
걸어갈까
떠오른 생각
'무전여행'
호주머니 돈을 가지지 않고 사는 방법

집에 돈이 있으면 무엇하랴?
통장에 돈이 있다고 한들
내 손에 돈이 없으면 거지나 다름없다
편의점에 가서 사정을 말했다
편의점 주인은 두말없이 내가 말하는 액수를 준다
그녀의 통장번호를 휴대폰에 입력하고
내 전화번호를 주었다
무일푼으로 오늘 살았다
그녀에게 감사함을 전한다
세상은 아직도
살 만하다고 말하고 싶다

- 공복자, 「無錢(무전)으로 살아가기」 전문

시를 읽으면서 흐뭇하기 그지없다. 이런 마음은 오랜만에 느끼는 다사로움이다.

삭막한 세상에서, 그래도 아직은 따뜻하여 살 만하다는 세상이 있다는 것은 참말이지 진정한 고마움이다. 무일푼으로 하루를 살았다는 기쁨은, 작은 진정성이 얼마나 인생을 아름답게 만들 수 있느냐 하는 것을 깨닫게 해주는 일이라 할 수 있다.

결국, 선한 마음은 선한 것을 느끼게 하고 진실을 체득하게 해 주는 따뜻함으로 남는다. 그야말로 세상은 아직도 살 만한 곳임을 알게 하는 아름다운 이야기다.

3. 당신이 있어 행복한 사람

저 별을 봐요
별이 반짝거리는 것이 보이나요
별이 반짝이며 웃는 것을 느낀다면
별과 함께 하는 우리입니다

저 나뭇가지를 봐요
나뭇가지가 하늘거리나요
나뭇가지의 말이 들리나요
나뭇가지의 속삭임이 들린다면
나무와 함께 하는 우리입니다

바람 소리 들리나요
바람 소리 사각사각하나요
바람이 부르는 노랫소리 들리나요
바람에도 포근함이 온다면
사랑으로 따스함이 있는 우리입니다

- 공복자, 「당신이 있어 행복합니다 3」 전문

별들의 반짝거림에서 웃는 얼굴을 느낀다면, 나뭇가지의 속살거리는 말이 들린다면, 바람의 포근한 사각거림이 마음을 포근하게 하는 노랫소리로 들린다면, 그것은 사랑으로 마음을 따스하게 하는 우리가 있기 때문이라고 시인은 말한다.

별과 함께 하는 우리, 나무와 함께 하는 우리, 바람의 포근함과 함께 하는 우리가 있음으로 하여 당신과 나의 세계가 열리고 행복하다는 시인이다. 그가 말하는 당신이 란, 우주의 질서를 지배하는 절대적인 존재이며, 나를 홀로 고독하게 방치해 놓지 않고 품어 안아 주는 존재를 말함이다.

그러한 당신을, 시인은 별과 나무와 바람 소리 속에서 찾아내고 함께 있기를 소망한다.

진심을 갖고 산다는 것
진심이 외면을 받으면
무엇이 남는가?
진심으로 했다고 해도
상대편이 모를 때가 있다
내가 잘못 된 것인가
난 진심으로 했는데
왜 나를 이해하지 못하나
하고 서운할 때가 있더라도
주님을 향한 마음으로
진심으로 했다는 것에 마음을 푼다

- 공복자, 「진심」 전문

어린 아이 같이 나이브한 시의 세상이 여기 있는 듯하다.

나의 진심을 몰라주고 이해하지 못하는 타인에게, 그 방법을 알지 못해 끝끝내 신의 능력을 소망하는 시인을 바라보며, 미소를 짓는다.

세상사는 일이 쉽지 않아 나의 참된 마음을 전할 수 없어, 주님만이 나의 뜻을 알 것이라는 안타까운 마음이 담고 있다.

> 내 곁에 온 비둘기
> 내가 먹을 것을 줄까 봐
> 내 곁을 서성거린다
> '비둘기야!
> 내가 먹을 것을 가져오지 못했어
> 다음에 꼭 가져올게.'
> 얼마나 배가 고픈지
> 사람을 무서워하지 않는다
> 비둘기는 작은 먹이 하나 찾으려
> 내내 서성거린다
> 그것에 비하면 나는 얼마나
> 행복한 사람인가!

- 공복자, 「비둘기」

뿐만 아니라, 시인은 자연과의 어린애 같은 대화를 멈추지 않는다. 비둘기와의 대화는 동시를 읽듯 인정스럽다. 배고픈 비둘기에게 먹을 것을 주지 못하는 안타까움이 간절하다. 그의, 삶에 대한 연민은, 사람에게 뿐 아니라 자연물에게, 그리고 방대한 우주에 만재하고 있는 사물에게도 아낌없이 나눠 주고 싶다.

시인은, '세상을 바라보는 눈과 귀가 일치할 때 몸과 정신이 비로소 하나가 된다.'고 한다.(「나의 삶, 꿈, 그리고 소망」중에서) 하지만 이런 일은 얼마나 어려운 삶의 테제가 될 것인가를 생각해 본다.

자연에도 질서가 있다
사회도 질서가 있다
요즘은 순서가 바뀐 시대에 살고 있다
순서란 질서이지 않을까?
법이 아니라도 지켜야 할 질서가 있을 텐데
질서가 깨질 때 소리가 나고
세상은 소란스러워진다
질서 속에
평화로운 세상을
나는 소망한다

- 공복자, 「질서」 전문

질서는 삶의 조용한 평화를 의미함이다. 순서가 바뀌지 않고 질서가 깨지지 않을 때 세상은 소란스럽지 않고 평화롭게 된다.

그런 세상을 소망하는 시인은, 세상이 자연의 질서를 제대로 지킬 때 아름답게 살 수 있을 것이라 믿는다. 그럼에도, 자연의 질서를 파괴시키지 않고 살아야 한다는 근원적인 메시지를 우리가 과연 얼마나 깊이 자각하고 있음인지. 아주 쉽게 쓰여진 그의 글에서 우리는 무겁고 힘든 생의 과제를 깨닫게 된다.

어느 운동이든 충격이 있다
햇살 뒤에 그늘이 있듯이
건강한 운동 뒤에 상처가 있다
때론 숨이 벅차다
때론 손에 전율이 온다

조심해라
포기하지 마라
상처 뒤에 새살이 돋고
근육 뒤에 더 딴딴한 근력이 된다

- 공복자 「건강 뒤에 상처」 전문

햇살 뒤의 그늘, 운동 뒤의 상처, 상처 뒤의 새살, 근육 뒤의 딴딴한 근력… 극히 범상한 논리의 나열 같으나, 깊이 생각할수록 세상의 삶과 그 질서를 깨달을 수 있다. C.G. Jung의 '그늘의 철학'은, 이 세상의 모든 선과 악을 빛과 그늘의 논리로 설명했다. 완벽한 선은 가장 완벽한 악으로 갈 수 있는 가능태를 가지고 있다. 너무나 강렬한 선을 가진 인간은 악의 어둠을 동경하기 마련이다. 그의 무의식 속에는 악을 행하고 싶은 욕망을 가지고 있어 가장 악마적인 생각과 행위를 할 수 있다는 것이다. 반대로, 가장 악마적인 생각을 가진 인간도 가장 선한 일을 하고 싶다는 무의식적인 욕망을 가지고 있다. 소설 「지킬 박사와 하이드」(로버트 루이스 스티븐슨 작)는 바로 그러한 인간 심리를 너무나 잘 형상하고 있는 작품이라고 하겠다.

또한, '상처 뒤의 새살'이란 마음의 상처를 극복하고 난 다음 새살이 돋아나듯 우리는 스스로의 상처를 극복하고 회복해 나가는 의지를 길러야 한다는 메시지를 지니고 있다.

당신을 만지려면
눈물이 나요
눈물이 많아서인지
그것을 혼자 다 삭히지 못해서
눈꽃 날리듯
그렇게 열정을 펴고 싶어서인지
사랑의 마음은 가득한데
눈물로 시작한 화두에
근엄한 산의 말 없는
온유함이 오니
흙탕물이 마사에 스며들어
수정 같은 맑은 물이 되어
흘러나오는 듯합니다

- 공복자, 「당신이 있어 행복합니다 1」 전문

눈물이라는 프리즘을 통하여 들어오는 빛이 없다면 이 세상은 사막과 같은 것이라고 쎙떽쥐뻬리는 말했다. 눈물이 있음으로 하여 환상이라는 세계가 열리고, 그러한 세상에서 인간은 삭막한 인생을 극복해 나가리라 했다. 눈물은 사막 속의 우물과 같은 것이고, 메마른 현실을 이겨 나가게 하는 원천으로 남는다. 사랑의 마음 가득한 곳에 눈물이 흘러넘치고, 신의 온유한 세상이 열리게 될 것이라고 믿는다.

4. 세상은 빛나는 생명들의 터전

금강산 빼어난 산맥 따라
금강초롱꽃은 산맥을 이루고
푸른 하늘 그리다
하늘 빛깔 아름다운 꽃잎 되었네
들꽃을 누가 가냘프다고 했나?
숨겨진 기개, 사랑으로 승화하고
금강산을 품어 금강초롱꽃 되었네

하늘엔 별이 반짝인다
땅에는 금강초롱꽃이 초롱초롱

- 공복자, 「하늘엔 별, 땅에는 금강초롱꽃」 전문

엉겅퀴 고운 보랏빛
여린 꽃잎
우아한 꽃받침
엉겅퀴 꽃잎 하나하나
실오라기 같은 꽃잎 피우기 위해
고운 달빛 밤에도
처절히 살기 위한 몸부림
실 같이 고운 보리 잎새
달빛 아래 숨겨진 가시
누가 눈여겨보았겠는가?

- 공복자, 「엉겅퀴 꽃잎 하나하나」 전문

시인에게는 하늘과 땅이 모두 빛나는 생명들의 터전

이다. 반짝이는 하늘의 별, 초롱초롱 빛나는 지상의 별들, 금강초롱꽃은 금강산 빼어난 산맥의 정기를 받은 듯 땅 위에서 초롱초롱 그 아름다움을 드러낸다. 작고 여린 풀꽃들에게서 신비한 기개를 느낀다. 엉겅퀴 가시 속에 실오라기 같은 고운 꽃잎을 피워내는 생명의 신비함. 이 작고 오묘한 땅 위의 보석들을 미처 깨닫지 못했음을 뉘우치며, 새삼 생명의 소중함을 깨닫는다. 덕유산 밤하늘의 은하수, 작은 반딧불이 별꽃을 이루고 스스로 빛나는 이 대자연의 아름답고 신비함, 이들은 어느 것 하나 그냥 스치고 지날 수 없는 지상의 오묘한 질서이다.

아직 어둡다
20여 분을 걸으니
차츰 밝아온다
새벽이다
나는 오늘
아침을 걸었다
어슴푸레한 새벽
신비에 싸인 도시 새벽 풍경
한낮의 밝음으로 인해 나타나는
현실과는 사뭇 다르다
밤이 지나고 새벽이 오고
겨울이 지나고 봄이 오고
생명이 지고 새 생명이 잉태되고
역사는 기록되고
다시 시작할 수 있는 아침이 오고

- 공복자, 「오늘이 지나고 내일이 오고」 전문

그는, 자연을 말하는 제재들이 그냥 꼬리에 꼬리를 물고 돌아가는 총합적 자연송의 기법을 사용한다.

가을바람이 불어오니 갈대는 머리를 풀어헤쳐 춤을 추고, 뭉게구름도 춤을 춘다. 구름이 장관을 이루니, 여름 햇살에 지친 몸은 평화로운 노을을 부른다. 얼핏 심심한 제재들이 꼬리를 물고 늘어서서, 긴장감이 풀어지지만, 순서와 질서를 좋아하는 시인의 생리를 너무나 닮은 씨리즈 풍의 자연송이다. 세상은 빛나는 생명들의 자연스럽고 질서 정연한 터전임을 강조하고 있다.

5. 순교자 순례, 본당 순례의 감동, 그 깊은 고뇌와 기쁨

> 경남 울주군 상북면 이천리 소재 죽림굴, 순례하기 어렵다고 소문이 자자한 죽림굴 배내골에서 시작하여 자전거로 올랐다 억새벌길 간월산인 영남 알프스 산 입구에서 3.22km의 순례길이다. 영남 알프스의 억새벌길 아름다운 풍경은 순교의 세월을 품고 있다. 가장 잔혹했던 기해박해(1839년) 때 관아의 손길을 피해 움막을 짓고 숯을 구워 생계를 유지했다고 한다. 경신박해(1860년) 때 최양업 신부님이 3개월 동안 은신하여 신자들을 돌보았던 이야기도 간직하고 있다. 포졸들의 포위망을 피해 굴속에서 주님께 기도하며 숨어 살았던 순교하신 분들이여! 신앙으로 이어져 저 또한 주님을 알게 하심이여! 감사하고도 고마우셔라!
>
> - 공복자, 「천연석굴공소 간월산 죽림굴」 전문

성부와 성자와 성령의 이름으로 아멘
주님께 무릎 꿇고 비옵니다

순교하신 분은 어떠한 방해에도
지켜야 할 것을 지키며
신앙을 이어 왔습니다
비가 오고 눈이 오고 바람이 불어
자연으로 돌아갔습니다
영원한 주님 전에 영면합니다

부족하기만 한 저,
주님께 비옵니다
저희 가정 지켜 주시고 하는 일 무사하도록 지켜주소서

애착하는 것에 집착하지 않도록
성지순례를 통하여 순교자의 미덕을 생각하게 하소서

- 공복자, 「애착하는 것에 집착하지 않도록
-장대골 성지에서」 전문

이정식 요한
양재현 마르티노 묘소에 참배하니
까치가 마중 나왔습니다
하늘,
목련 가지 끝
까치에 눈이 갑니다
성탄절 목련이 몽오리를 맺었습니다
나뭇가지에 앉은 까치는
봄의 전령사가 되어 알립니다
겨울의 중반은 봄이 멀지 않았습니다

오륜대 순교자 성지순례는
기쁨이 배가 되었습니다
순교라는 추운 겨울 뒤에 목련이 피기까지
한겨울에 몽오리 지었음을 알리는 기쁜 소식입니다
'딸아! 힘들어하지 마라.'
성 요셉과 성모 마리아는 자애로 말씀하십니다

- 공복자, 「기쁨이 배가 되어 -오륜대 순교자 성지」 전문

자전거를 타고 노적봉을 지났다
노적봉 지나면 돌아가신 친정어머니 생각이 난다
어머니가 그리운 날은 더욱 성지순례를 가고 싶다
노적봉을 지나면서
어머니 생각으로 주모경을 바쳤다
녹산 바다에 한가하게 모여서 노는
청동오리가 평화롭고 정겨워 보인다
(…)
순교자는 조씨 석중과 석정 형제
천주쟁이라고 조씨 선산에 묻히지 못했다
(…)
배씨 집안 언덕바지에
조씨 형제 순교자 묘가 안착되어 있다

- 공복자, 「주님 평화가 있는 그곳 - 조씨 형제 순교자 묘」 부분

천주쟁이라고 조씨 선산에도 묻히지 못했던 조씨 형제 순교자 묘, 이정식 요한, 양재현 마르티노 묘소에 참배하고, 기쁨이 배가 되어 오륜대 순교자 성지순례를 한다.

장대골 성지에서, 애착하는 것에 집착하지 않도록 순교자의 미덕을 생각하게 되기를 기도한다.

성지순례를 하는 것은 무엇 때문인가?
자신이 믿고 있는 하느님을 알아간다
신앙을 가진다
알아가고 신앙을 가지는 것만이 전부가 아니다
생활에서 실천을 하여야 한다

순교자는
목숨의 위협에서도
신앙을 지킨다
붉은 피로 물든 순교의 꽃
윤봉문 순교자 묘
가까이 하이얀 구절초로 장식되었다
순교는 누구를 위함인가?

- 공복자, 「성지순례를 하는 것은 누구를 위함인가?」 전문

거제도 지세포 성당, 윤봉문 성지를 순례하고, 목숨의 위협에서도 굿굿이 신앙을 지킨 순교자를 생각한다. 붉은 피로 물든 순교의 꽃, 윤봉문 순교자 묘에서, 신앙을 가지는 것만이 전부가 아니고 생활에서 실천해야 함을 깊이 깨닫는다.

입구를 들어선 순간
눈에 들어오는 붉은색

피의 순교에 가슴이 멍해진다
여기에 수많은 치명자 수난의 일기가 있다

- 공복자, 「붉은 피의 순교, 수원 북산동성당」 전문

명동성당에서
김범우 순교자의 흔적을 본다
명동성당이 김범우 순교자의 집이라고 한다
김범우 순교자의 묘소가
경남 밀양 삼랑진에 모셔져 있다
순교자 품에 오르시길 기도하며
도보순례를 했다
낯설지 않는 신심의 이어짐
나는 오늘 한국 가톨릭의 중심지에 서 보았다

- 공복자, 「명동 주교좌성당」 전문

언양성당은 고딕양식의 부산교구의 유일한 석조건물이다. 산 위에 대형 십자가가 있고 언양지역 첫 순교자 오상선 묘가 있다. 거룩한 성전과 신앙 유물 전시관을 보니 내 마음도 숙연해진다. 기도하는 마음은 정신을 거룩하게 하고 기쁘게 한다.

- 공복자, 「언양성당」 전문

부산에서 밀양 삼랑진
김범우 순교자 묘소까지 50km
왕복 100km를 자전거로 왔다
혼자 자전거 바퀴를 돌린다

순례를 한다는 건 한 가지 마음이

기도가 된다
기도는 마음의 혼란을 잠재운다
기도하는 마음에 주님의 은총이 내린다

- 공복자, 「김범우 순교자 성지」 전문

신실한 가톨릭 신자인 공복자 시인은, 천연석굴공소인 간월산 죽림굴을 순례한 이후, 수많은 순교자 성지를 순례한다. 조씨 형제 순교자 묘, 명동성당, 김범우 순교자 성지 등, 전국을 자전거로, 또는 도보로 순례하면서 깊이 기도하는 마음을 기록하였다.

또한, 달맞이 성당을 비롯해서 개금성당, 하단성당, 당리성당, 괴정성당, 사하성당, 성가정성당, 좌동성당, 우동성당, 해운대성당, 중앙성당, 구봉성당, 봉래성당, 정관 웅상성당 등, 수많은 본당을 순례하였다.

마음의 응어리와 분노, 삭히지 못한 집착을 내려놓고 기도를 하는 시인은, 무엇이든 해 달라는 염원으로만 이루어져 있었던 기도였을 뿐, 제대로 기도 하지 못했던 자신이었음을 느낀다. 성전에 가서 성수로 성호를 긋고, 기도를 드리면, 감사의 마음이 샘물처럼 솟아난다고 했다.

그가 본당 순례를 하게 되는 근원적인 이유가 여기에 있다 할 것이다.

향기가 가득한 개금성당, 꽃을 가꾸는 마음으로 하느님을 향하는 마음을 배운다. 난생 처음 가 보는 하단성당, 저 위에 계시는 하느님의 뜻으로 성당을 어렵사리 찾을 수 있었다. 나를 찾고 나의 승화를 위한 본당순례이기에 주님께서 도와주시리라 믿으며 집착을 버리게 해 달라고 기도한다.

승학산 아래 높고 높은 곳에 위치한 당리성당을 보며, 소탈한 곳에 살고 있는 자신을 생각한다.

좌동성당에서 십자가에 매달린 예수님을 본다. 죄 없이 우리를 위해 희생제물이 되신 예수님을 다시 한 번 깨달으며, 십자가 위에 임하시는 성령을 뵙는다.

해운대성당은 도미니꼬 신부님의 작품이다. 본당순례를 할 수 있는 은총을 주셔서 감사하다고 기도한다.

주교좌성당으로 6.25 전쟁을 거치면서 용두산 공원 일대 구호사업을 펼친 중앙성당, 시인의 신앙생활에 활력이 되었던 성당이다. 부산 가톨릭 성서교육원이 있는 구봉성당, 성 프란치스코 상이 있는 작고 예쁜 봉래성당, 동방박사처럼 낯선 길을 버스를 환승하고 여렵사리 찾은 신선성당, 선교 100주년 기념비가 있는 청학성당, 성전 지붕에 천주님이 손 벌려 반기신다.

유월 중순, 참으로 더워 오르기 힘들었던 초량성당, 땀이 비 오듯이 흘러도 마음의 기쁨이 가득 찬다. 낙동강을 타고 다대포 바닷길로 모래톱을 보며 자전거를 타고 온 몰운대 아름다운 성당, 가파른 경사길을 오르락내리락하면서도 천국의 문이 열리는 것 같은 아미성당, 이

태석 신부님의 기념관이 있는 송도성당, 이태석 신부님의 본가도 찾았다. 주님의 은총과 병환으로 떠나신 분들을 위해 기도드린다.

시인이 여고 졸업할 때 새로 건립했던 김해성당, 본당순례라는 이름으로 다시 찾을 수 있어 주님께 감사기도 드렸다. 사직성당과 사직대건성당, 추운 날씨, 시인의 가슴에 바람이 분다. 지내성당에서 기도를 한다. 화려하게 내부구조를 한 정관성당, 산 둘레로 십자가의 길 14처가 있는 웅상성당, 사순절이 다가오고 있었다.

본당순례를 하면서, 시인은 '내 안의 그분'을 만나고 또 만난다.

'성부와 성자와 성령의 이름으로 아멘!'

그는 잠시 성호를 긋고, 기도를 마친다.

깊은 고뇌의 기쁨이 가슴에 그득 찬다.

6. 맺으면서

순교자 순례와 본당순례가 시집을 가득 매우는, 이러한 경우를 무엇이라고 해명할 것인지.

땅 위의 작은 풀꽃과 시냇물 소리, 어여쁜 꽃들의 얼굴, 세상을 살아가는 소박한 사람의 얼굴들, 바다 위로 뜨는 장중한 노을의 빛깔들, 밤하늘에 무심히 반짝거리는 별들의 속살거림… 이 모든 것들이 공복자 시인의 시의 원천이 되었지만, 그의 시의 깊은 근저에는 그가 신봉하고 사랑하는 주님이 계셨다.

봄꽃을 피우기 위해선 가을꽃들을 쓰러뜨려야 한다는 자연의 질서 속에도, 만유를 지배하는 거룩한 이의 뜻과 영성의 힘이 존재함을 깨닫는다.

그러기에 순교자 순례와 본당순례의 기쁨을 노래하지 않을 수 없었다.

묵주와 자전거와 신실한 신앙의 깊이가, 그의 시를 더욱 깊고 아름답게 영글어 나갈 수 있기를 기원하며, 이 글을 끝맺고자 한다.

공복자 시집
당신이 있어 행복합니다

초판1쇄 발행 2022년 10월 1일

지은이 공복자
펴낸이 이길안
펴낸곳 세종출판사

주소 부산광역시 중구 흑교로 71번길 12 (보수동2가)
전화 051－463－5898, 253－2213~5
팩스 051－248－4880
전자우편 sjpl5898@daum.net
출판등록 제02-01-96

ISBN 979-11-5979-539-8 03810

값 10,000원

한국예술인복지재단 본 도서는 한국예술인복지재단 2022년 창작준비금지원사업 선정으로 발간하였습니다.